AF457157

Heilende Gebete und Mantras

Von Rosemarie Eichmüller

 Bibliografische Informationen der Deutschen Nationalbibliothek:
Die Deutsche Nationalbibliothek verzeichnet diese Publikation in der Deutschen Nationalbibliografie-detaillierte bibliografische Daten über http://www.d-nb.de im Internet abrufbar.

Impressum

Autor: Eichmüller Rosemarie

Titel: Jesus spricht, Heilende Gebete und Mantras

Herstellung und Verlag: BoD - Books on Demand, Norderstedt
ISBN: 9783741294013

Vorwort

Diese Botschaften des Lichts und der Liebe,
gebe ich ihnen voller Freude mit auf ihren Weg.

Unsere geistigen Begleiter unterstützen uns mit ihren
Energien und ihrer unendlichen Liebe.

Nehmen sie dieses Geschenk an und
sie fühlen sich eingehüllt in Geborgenheit und Licht.
Schlagen sie irgendeine Seite auf, es werden für sie die
richtigen Worte und die Energie für den Augenblick sein.

Verbinden sie sich mit Allem was ist,
denn das sind sie.
Eins mit Allem

Ich wünsche ihnen Licht und Liebe

auf ihrem Weg

Jesus spricht

Ich grüße euch, meine lieben Brüder und Schwestern.
Ich sende euch Licht und unendliche Liebe auf die Erde.
Glaubt mir ihr werdet unendlich geliebt.
Ich sage euch, erkennt wer ihr wirklich seid, erkennt das Licht in euch und eure Verbundenheit mit allem was ist. Strebt die Vollkommenheit an, werdet eins mit allem, seit Licht und Liebe.
Die Zeit des Aufwachens ist gekommen. Die neue Energie wird euch dabei helfen. Öffnet euch, lasst die Energien in euch fließen und manifestiert sie auf der Erde und in allem was ist. Ich weiß wie ihr euch fühlt und was für Schwierigkeiten ihr habt, glaubt mir, es gibt einen Weg, aus diesem endlosen Leiden. Nehmt die Hilfen an, die wir euch senden. Wir leben in tiefer Verbundenheit mit euch. Euer Wille ist so stark, ihr könnt es schaffen, wenn ihr wirklich ins Licht gehen wollt.

Seht jede Situation als Lernaufgabe, die euch weiter bringt. Schaut alles an und entscheidet was ihr wollt und wie ihr es wollt. Lasst euch von eurer inneren Stimme führen, sie wird euch den Weg zeigen.
Ich sage euch, ihr seid göttlich und strahlt im göttlichen Licht.

Die Mutter Erde wird mit euch gemeinsam den Weg des Friedens und der Liebe gehen, vereint euch mit ihr. Lasst alle alten Denkmuster los, sie hindern euch an eurer Weiterentwicklung.
Wacht auf und vereint Gott in euch und mit allem. Verzeiht euch und anderen, was immer ihr oder ein anderer getan hat, es ist alles wie es ist. Schaut nach vorne, stellt euch eure Göttlichkeit vor und lebt sie. Die göttliche Liebe wird euer Begleiter sein, spürt sie tief in euch und gibt sie weiter, dass viele sie erkennen können.
Verbindet euch mit den Helfern des Lichts, sie führen euch aus dem Leid und der Unzufriedenheit. Löst eure Anspannung, geht unbeschwert euren Weg. Erfüllt eure Aufgaben in Liebe und mit Freude.
Wir sind verbunden in Liebe mit allen Ebenen und Dimensionen.

Ich war bei euch auf der Erde um euch zu zeigen, wer ihr wirklich seid und wie es ist, Gott zu leben und zu sein. Erinnert euch wie ich gelebt habe, was ich getan habe, was ich euch durch mein Leben mitgegeben habe, erinnert euch daran. Baut euer Vertrauen zu Gott und seiner Schöpfung auf.

Habt keine Angst, es kann und wird euch nichts passieren. Ihr seid auf der Erde um zu lernen und euch weiter zu entwickeln.

Die neue Energie ermöglicht es euch, mit uns direkt in Verbindung zu treten. Lebt nicht im äußeren, kehrt in euer Inneres zurück, denn dort seid ihr verbunden mit Gott und allem was ist.
Verbindet euch mit mir, ich begleitete euch in Liebe und führe euch ins Licht und zur Einheit. Schließt euch zusammen, bildet eine große Gemeinschaft Gottes.

Jede Seele hat die Chance einen wundervollen Weg, der Liebe und der Verbundenheit, zu gehen.
Gebt euer Wissen weiter, für alle Menschen und helft euch gegenseitig.
Wir sind alle stets in Liebe verbunden.
Glaubt, dann werdet ihr Sein.

Mane das goltena
mirou trate do la
äma din zu trofa dir weni
achat kristall meruin
huta feumitu gemeinsam
tu opera sitama dumi

war oder Licht was ist, Glaube Liebe gehen

jama kina rima schwa situ
ta omido reinatu furo
data simonis drafela schitmeina
frä ta na golsch
heit füro deita umerdo
bei iners ders gero hütto
neina feuro garnita demoto
satani dis merui golsch
katidu gerschno mu kaleisch
freu miro teu da sa kummond

die Liebe ist, wir sind eins mit Allem
Licht Freude Vertrauen

dero ma soll den furomatis heita sina
den motenda frikera da soll
zis gos kes mas gmolch
deto frima lamin dirko

Ich grüße euch, meine Brüdern und Schwestern, meine

Liebe begleitet euch auf eurem Weg ins Licht.

Öffnet euch der Botschaft und der unendlichen Liebe Gottes. Der Dreizackenstern wird euch dabei helfen, in Licht und Liebe zu sein. Lasst Gott durch euch wirken, seid bereit für den Aufstieg. Haltet euch an eure Glauben fest, er ist die Verbindung zu Gott. Ich freue mich für euch, Geht nach vorn und Schaut nicht zurück,
Hand in Hand gemeinsam

Oralema nitu dumita koischma Danetu fuimane kaleisch
mi tu Wamante folmangi beinatrium fei Cilioma schwa
sa komio kata Dernomei freinatu greberni schwa
Sanemu tirnatu dir
Mei na talema dinata Schutenei grika monetei Korumani
korumano korumane Sa ma na tuion
Kaleisch kaleisch kaleisch

Dieses Gebet wird euch die Erinnerung bringen, wer ihr seid. In eurer Inkarnation werdet ihr Aufgaben erfüllen, als die Person, die ihr im Moment seid.
Doch eure Seele ist viel weiter in ihrer Entwicklung, als ihr euch vorstellen könnt. Es ist wichtig für euch, euch zu erinnern, damit ihr bewusst eure Aufgaben erfüllen könnt.

Verbindung mit dem Lichtstrahl des Planeten Erde

Omar sol de volta
Ma talena du someila
Kotenau mi dansa de lo
Movida kadenia tu moi
Helpen de la towatusti
Kromo wa siena tu la

Die Erde ist ein Lichtplanet der Gesamtheit.
Wir sind auf dem Weg zum nächst höheren Lichtstrahl.
Öffnet euch der Energie der neuen Lichtfrequenz,

die „Lichteinheit des Bewusstseins“, heißt.
Ihr seid Licht und Liebe, je heller euer Licht und eure Liebe sind, umso klarer ist euer Lichtstrahl in Allem zu sehen und zu fühlen.
Seid euch bewusst, wir sind mit euch und gehen in Liebe.
Viele, viele Menschen sind sich bewusst,
dass sie Licht sind.
Viele, viele sind wichtig, die Erde mit all ihren Bewohnern zum Lichtplaneten zu machen.

Kira sa lema
Ich bin

Muto do kalva
Licht und Liebe

Miro salv demiena
Die Göttlichkeit ist in mir

Kama suma del mana tu
Eins mit Allem was ist

Kira kira komeinatu sola

Ich bin in Gott

Gott ist in mir

Tala tala tala

Miu

Meina tu sie riema na

Gehe deinen Weg

Mirna solveida kimosulo

Suche das Licht in dir

Dola sumenta kumera

Suche Gott in dir

Mira kaslata dirmo nie

Ich bin in Gott

So Sei Es

Dir kama Dir

Kama sulvoma kolota dir mani

Kevado kantalo kinimu Lier sano kulatir

Leida sama tu kiro sa na?

Klimatiru kaleida siminu ta?

Lema terra die volmera

Di lo sama mir tu wa

Kleida kirmi timu di

Mana su lo domatu Kra schimu scha

Kommo tu wa do la

Dir mir wa du limonema Kromo mir kromo wa

Di so la na tule Eimina klage minumo

Leima du mina su koso Liebera di miroslav su

Leuba musa dir so la ta Klamio lamanda du moi

Kara ma dena mir komo sava
Liebera liebera su moi

Vater und Mutter

Ich bin dein Kind der Liebe bitte höre mich an,
die Menschen brauchen dein göttliches Licht und deine göttliche Liebe.
Bitte schicke jetzt in diesem Augenblick, für alle Bewohner des Planeten Erde, dein Licht und deine Liebe.
Jeder, der sich dir und dem göttlichen öffnet, wird Licht und Liebe empfangen.
Hilf uns, dass wir uns erinnern können, wer wir sind und dass wir alle eins mit allem sind.
Ich bitte dich, auch all jenen, ganz besonders den Menschen, die noch nicht aufgewacht sind, dein Licht und deine Liebe zu schicken, sie werden dankend annehmen.
Ich danke dir für die Führung durch deine Diener des Lichts, die uns mit ihrer Liebe und ihren Energien zu Seite stehen.
Ich verbinde mich mit deinem Licht, es durchdringt all meine Körper, all meine Organe, all meine Zellen, all meine Blutgefäße, all meine Chakras, ich leuchte und strahle in deinem göttlichen Licht.
Ich verbinde mich mit der Energie der Erinnerung, ich kann mich an alle Leben, an alle Aufgaben, an alle Wesen und an die unendliche Liebe von dir erinnern.
Ich bin die ich bin, Ich bin Licht, Ich bin Liebe,
Ich bin dein Kind
Vater und Mutter Gott, dafür danke ich dir

Kira mani komuna ta

Lomanitu framo du geminata

Samano bureto

Filnami brokami du Losti casera

Frimio greta lo

Grein dumuni gro

Tritumi anatu fre

Umani tutani rema Liro tratu edor

Akali tretimu gartsch

Polimenu kilemna fri

Lirma serena dero

Frituna bertu gure
Lena mi na trutermana

Dir ri ri dusolva Umbra tunema tu do so la

Ich bete zu dir mein Gott Vater und meine Mutter,
lass mich deine Liebe und dein Licht spüren,

lass mich meine Aufgaben mit Liebe und Freude erfüllen,

lass mich meine Mitmenschen mit Achtung und Respekt
behandeln,

lass mich wertungsfrei alles annehmen,

lass mich stets in Liebe denken, sprechen und handeln,

lass mich dir und dem göttlichen Plan dienen,

lass mich der Erde und ihren Bewohnern helfen,
lass mich, nein,
wirke du durch mich,
zeige ihnen dein Licht und deine Liebe,
zeige ihnen deine Schöpfung,
halte sie in ihrem Kummer in deinen Armen,
gib ihnen Kraft, wo sie keine mehr haben,
hilf ihnen ihren Glauben wieder zu finden, führe sie
immer wieder aus der Dunkelheit ins Licht und zur
Einheit zurück, denn deine Liebe ist für jeden und für
alle Zeit real und Wirklichkeit.
Ich danke dir dass du mich liebst
und mich auf meinem Weg begleitest.

Ich bin dein Licht Gott

Ich bin deine Liebe Gott

Ich bin deine Wahrheit Gott

Ich bin Eins mit dir Gott

Ich bin dein Glauben Gott

Ich bin deine Segnung Gott

Ich bin deine Tochter Gott

Ich bin dein Vermittler Gott

Ich bin, Du bist, wir sind,

Eins mit Allem

Wir sind dein Licht,

wir sind deine Liebe,

Wir sind deine Wahrheit,

wir sind Eins mit dir,

Wir sind dein Glaube,

Wir sind deine Segnung,

Wir sind deine Kinder,

Wir sind dein Ausdruck,

Wir sind, ich bin

Keimana tu siena la mato

dirma frokada dalmanitu

sier balia zu christ date du

freia du mo tiero ma no

getinami re tie kami

dir ma na dola

dir kalenda na

dir siema na

du kosar genar

unde freia sie na ma tuo

Frameni darna die

Kulische na lamira na

Gromena tu

Drimanea sie na tu

Omane omana smanio

Kalema sirena dreitena burto fram nie lota

Dir tomane kalima

Dramena sie furo ka

Onime dilane kalemane tu

Liegera sena olmana

Duto sa ma na kerola

Dir ma nie Silva kerma dirola

Kaleisch dratui na
Lama nui do la

Dir so la Dir mo na
Dir do la Miro kademo la

Wir beten gemeinsam

Vater und Mutter, hört uns an,

wir bitten, um deine Liebe und dein Licht,

wir bitten, um deine Kraft und deinen Glauben,

wir bitten, um Geduld und Unterstützung,

wir bitten, lasst uns alle gemeinsam
den Weg ins Licht gehen,
wir bitten, um Erkenntnis, wir bitten, um Führung,

wir bitten um Wohlstand und Reichtum,
materiell und geistig
wir bitten, *nein* wir brauchen nicht zu bitten,
denn du Gott Vater und Gott Mutter

schenkst uns allen, was wir brauchen, jeden Tag, denn
deine Schöpfung ist Vollkommen,
bis in alle Ewigkeit.

Dafür danken wir von ganzem Herzen

Mantra zum Raum reinigen

Kira so ma so malas

Kimane ma do kaulata

Krosle da ma na quiro

Dir so la da ma

Klos na tui ma do la

Diro diro diro diro Do la

Mantra zum Reinigen der Aura

Kir ma na tui

Do la so lamanta

Kiro mia nui so wie

Kam ne ma notei

La ma nui la manta

Kira do la

Gott Vater und Mutter
Ich bitte dich,
reinige dieses Wasser des Lebens,

ich bitte dich,
sende dein göttliches Licht
auf den Planeten Erde und seine Bewohner,

ich bitte dich,
sende deine Heilenergie auf deine Schöpfung,

ich bitte dich,
lass mich dir in Liebe helfen,
du und ich, wir sind Eins,
du und ich und die Schöpfung sind Eins,

ich danke dir für deine Schöpfung,
lass uns gemeinsam,

die Liebe und das Licht leben und weitergeben,
ich danke dir, dass es so ist,

Amen Amen Amen

Mantra zur Verbindung mit deinem Geistführer

la ma la ma

tu so ma lama

mira diro so wie

du so la mabei

kale ma tu dirmo

kei ma bina du lo

lima lima do la

Mantra für die Verbindung mit der Energie der Mutter Erde

dama laste kira so la

miroslav dir total maste

daru kolwei na miro da

liema du so muro die ma

ladena su to do la

Mantra für die Verbindung mit deinen Seelenaspekten

kama nu so la

dira miru so wa

kale ma na tu

do sa wa mabu

Mantra zur Verbindung

mit deiner Seelenfamilie

dirma na tui

do la so lama

kau la mia su do kam

Mantra zum Segnen

Mirma na tu so la

Klama dir so ma

Kulo do salve do la

Ich segne diesen Gegenstand/ Menschen
Im Namen von
Gott Vater und Gott Mutter

Mantra zur Unterstützung

der Ur- Energie in jedem Selbst

la ma tu a la ma

kiro mirma do la

salva du lo mia riemo

kurma nia sie na

la mente dir so salve

Mantra zum Erkennen der eigenen Wahrheit

Tanari dir so wie
Koma tu so die ma na
Kirma su to la
Granita kula so wa
Diro siema tinta
Dirso la ma na

Durch das Sprechen dieses Mantra erkennst du deine eigene Wahrheit,
dein Weg und dein höheres Selbst.

Mantra für die Verbindung mit deinem Heimatplaneten

La ma na dromenta

Kiro sei meina tu

Klos na tu tamar

Das Mantra verbindet euch mit eurem Heimatplaneten und eurer dortigen Familie

Dieses Mantra verbindet dich

mit deinem Führungsengel

Dir ma na muto

So la ma tu somara

Dir so mona dier na tu

Kommo dir so la wa
Kama na

Mantra zum Lösen

deines erkannten Karmas

Kal ma ni tu so
Kiro mirna su lo to
Salve do tiu sir mia
Liema riema do la
Salve do la
Karma

Dieses Mantra lässt dich das Karma erkennen, dass du auflösen kannst.
Es wird dir bewusst und du kannst es dann mit folgenden Worten loslassen:

Karma so wa do la

Amen Amen Amen

Mantra für die Klarheit

deiner Erdenaufgabe

Dir mir so tulo mi wa
Kam ta lumanta kirma
Tole ma na miro kuma sa
La tale kilamenta
Dir siela ma menta kulo
La ma sa wa
Kale

Das Mantra hilft dir, Klarheit für deine Erdenaufgabe zu bekommen.
Spreche das Mantra und öffne dich für deine Erdenaufgabe
und alle deine Fähigkeiten,
die du in dir hast.

Die Liebe lass los,
dann kann sie kommen.

Deinen Glauben halte fest,
als wäre er ein Teil von dir.

Dein Wissen erarbeite dir,
lass es stets im Bewusstsein.

Deiner Führung sei dir bewusst,
öffne dich und höre gut zu.

Gehe deinen Weg in Liebe,
in deinen Gedanken, Worten und Taten.

Lass Gott durch dich wirken,
egal wo du bist.

Sei Eins mit Allem
dann bist du in dir und in Gott

Glaube an das was Du bist,

kira ma miro tu so la,

sehe dich als das was du bist,

sale ma na mir tu so wa,

lebe das was du bist,

salve do la,

Ich bin der/ die ich bin

Mantra für die Erkenntnis

der Liebe,

die Alles ist

Dir mano tu so la

Da wa so mani du

Kir ma na sulo dir na

Koma so koma na

Mantra für die Erdenaufgabe

Koleima tu die ma kira
Tru mira miro sie wa
Kalei mei nie mir tola
Sale kei ma nie ma dir las

Durch das sprechen erinnerst du dich an die Energie,

die du für das Erfüllen der Erdenaufgabe brauchst.

Blockaden, die du zu diesem Thema hast,

lösen sich auf,

damit die Energie frei fließen kann

Mantra für die Weisheit Deines

Ich Bin

Kama niro su to ma ta la

Kale mirna dir so ta

Tale liema diena dir ma na tu

Deina dir milu so wu

Teilana teilamo teilna

Mantra der Gleichheit von Allem was ist

Meina sulo ta wa

Kale mirna so wa

Krischno sie la tur

Miro silo na tu

Kama nir so tulo dir sa

Meina mirna liema

lakaleisch na ma tu so wa

Erkenne den Stern,
der du bist

Erkenne das Licht,
das du bist

Erkenne die Liebe,
die du bist

Erkenne die Wahrheit,
die du bist

Erkenne den Glauben,
der du bist

Erkenne die Kraft,
die du bist

Erkenne und sei bereit es anzunehmen,
dass du Gott Vater und Gott Mutter
und
Alles was ist, bist Du

Mantra, dass dich, mit dem Wissen für diesen Augenblick verbindet

kalei, kalei samir nu

mabu so lu mir nu

sa ta la mona dir mir tu

miba sie ma bu

taleima kiro su to la

rami scha da la

roima kila sir ma bu

da sa wa dier sa wa

Mantra, dass dich mit Mutter Erde in gleiche Schwingung bringt, wenn du mit Mutter Erde verbunden bist,

Rama da so liemura

Kale to nie ma sol

Riermu

Sale mena da sol

Kaleima tiema mia mo

Tier la to

Mirolina de solweig

Da la so la

Mantra, das deine Chakra`s reinigt und auf deinen jetzigen Entwicklungsstand ausrichtet.

Kalei kalei manatu

De sol man niermu nie

Kima meru sie la mirno

La mane tu so la mira su

Wu ba so to la

Gott ist Liebe und Licht

Ich bin Liebe und Licht

Gott ist Glaube und Hoffnung

Ich bin Glaube und Hoffnung

Gott ist Mut und Kraft

Ich bin Mut und Kraft

Gott ist Mensch, Pflanze und Tier

Ich bin Mensch, Pflanze und Tier

Gott ist verbunden mit Allem

Ich bin verbunden mit Allem

Gott ist Alles was ist
Ich bin Alles was ist
Ich bin der/die Ich bin

Wir beten zu
Gott Vater und Gott Mutter

Wir bitten dich,
lass uns unser Licht, das wir sind, erkennen,

wir bitten dich,
lass uns unsere Fähigkeiten, die wir haben, erkennen,

wir bitten dich,
lass uns alles was ist segnen in deinem Namen,

wir bitten dich,
lass uns bewusst deine Liebe und dein Licht spüren und leben,

wir bitten dich,

gemeinsam mit dir,
Liebe zu Sein

Dieses Mantra erhöht deine Energie,

um zu erkennen, wo du im Hier und Jetzt

stehst

La ta so ma la ta

Kalema tu so ka wa

Diro miu su walna nu

Silo na mu ma bu

So la wa ta du ma

Licht und Liebe

Klarheit und Wahrheit

Bewusstsein und Bewusstheit

Erkenntnis und Mut zum Handeln

Engel und Aufgestiegener Meister

Heiler und Prophet

Wissender und Führer

Sonne und Mond

Wasser des Lebens und der Hauch des Windes

menschlich und geistig

All das bist du

Lass es zu

Und

Sei Eins mit Allem

Mantra, für die Verbindung zu der geistigen Ebene, in der du deine nächste Ausbildung hast

Kalei ma sie na tu so wa

Rito su ramina su

Libo na sumera mi

Liernamitu sie mibi

Lu so wa lu ta wa

Kama dir wie ma

Siena do loma tu so da

Mirnau die so ta lau

Kranetu mir nie so la

Karena karena do la

Mantra, dass dich mit deiner Aufgabe, die du mit deiner Seelenfamilie hast, verbindet.

La ma na manuta

So dol so wa du so ta

Mir na tu mir na tu

Kale kalo du so ma na tu

Kale kale kilma nu

Kaleina na kaleina nu

Dir so la ta solema kale ma

Rema nu to nemo ta

Das ist ein Mantra,

das dich mit deinem Seelenaspekt,

der Weisheit, verbindet

Dir na miru tu do la

Mirnau kulo ma wa

Katena limenura du filena

Ratena tu roschena na

Nirmu tielu nie siena ma

La to la tolenta sie la

Wir sind
die Gedanken von
„Allem was ist"

Wir sind
die Schöpfer der Welten

Wir sind
das Licht, dass uns umgibt

Wir sind
die Muster, die alles erschaffen

Wir sind
die Weltenklänge, die alles einhüllen

Wir sind
verbunden mit Allem

Wir sind

Liebe, aus der alles entsteht

Das Herz ist der Schlüssel
Zu Allem was ist

Das Gefühl ist die Verbindung
Zu Allem was ist

Der Gedanke erschafft
Alles was ist

Die Emotionen lassen uns fühlen
Alles was ist

Gott Vater und Gott Mutter ist
Alles was ist

Wir sind
Alles was ist

Ich bin

Alles was ist

Das ist ein Mantra, dass dich mit deinem

„Gott Selbst“,

dass du bist, verbindet

La so la do ma

Kla tira dir so ma

Meina mu sir tirmanu

Kalva de siena mio du

Scolo dir scolo

Do la sa ma

Das ist ein Mantra,

dass die Energien in deinen Wohnräumen

für die Entwicklung aller dort lebenden

Menschen harmonisiert

Kamina so venatura de sa

Schilo turno do sa la

Mirna du sa lomena ta

Sienatie mir so wa sa

Lanena klimena schwa

Kel kel kel

Ma na ma na

Ich bin Liebe, in meinem ganzen Sein,

Ich bin Licht, in meinem ganzen Sein,

Ich bin Hoffnung, in meinem ganzen Sein,

Ich bin Glaube, in meinem ganzen Sein,

Ich bin Wahrheit, in meinem ganzen Sein,

Ich bin Weisheit, in meinem ganzen Sein,

Ich bin Fülle, in meinem ganzen Sein,

Ich bin in dir Gott, in meinem ganzen Sein,

Ich bin der/die ich bin, in meinem ganzen Sein

Das Licht, das du bist
ist hell und klar,

die Hoffnung, die du bist
ist stärkend und mutig,

Der Glaube, der du bist
lässt alle Möglichkeiten zu,

die Wahrheit, die du bist
ist göttliche Energie

Die Liebe, die du bist
Ist Gott

Gott, der /die du bist
ist die Schöpfung

Das ist ein Mantra,

dass dir die Erinnerung bringt, was für eine Aufgabe, die Familienmitglieder, zum jetzigen Zeitpunkt miteinander haben

Sa ma na lema

Kira so wa romana

Ta wie scha sie to mana

Kalena tu so wa

Mir ma na tulo so fiel

Sila nema kon sie na

Liera wie liera wa

Kamenita dir sol liema

Ta wa

Das ist ein Mantra,

dass dich mit den Feen und Elfen verbindet.

Sie geben dir Botschaften aus ihrem Reich

und unterstützen dich bei deinem nächsten

Schritt.

Klama no sma na

To mudi niemera la

Kleima sienatri su

Lei sa kolima wu tu

Mir mir mir So wie

Dieses Mantra verbindet dich mit dem Strahl

der Erkenntnis.

Er führt dich bei deinen Aufgaben und auf

deinem Weg.

Liema siena na tu

Kaleima kaleima sie

Mirmo sawo ta

Do la manema sa wa

Leimenita queis dir so wie

Ma pa do la ma pa

Das ist ein Mantra, dass dich, mit der nährenden und beschützenden Energie der Mutter Erde verbindet.

Silema ne ta tu wa

So lamena do sir mirna

Beinatu srie schila mena tu

Kaleisch mo su la muto de ma

Nierma nema to su le ma

Dirsch dirsch to wa

Das ist ein Mantra,

dass deine Chakra`s in Harmonie schwingen

lässt

Lei na tu domain

Sa wa numa sa

Limena ta so wa dale

Oleina su mie wa

Sier marnina ta

So wa do la

Danke,
dass ich dein Liebe bin, Gott

Danke,
dass ich dein Licht bin, Gott

Danke,
dass ich deine Weisheit bin, Gott

Danke,
dass ich dein Vertrauen bin, Gott

Danke,
dass ich dein Wissen bin, Gott

Danke,
dass ich deine Freude bin, Gott

Danke,
dass ich Eins mit dir und Allem bin,
Gott

Dieses Mantra,

verbindet dich mit der Energie der Klarheit

bei deiner Aufgabe als Diener/in des Lichts.

In Liebe Fühlen, Leben und Sein.

Kalma solweig sie ma tu

Niermano wa na so muto

Kale ma na sei mir

Siena do la siena so wa

Das Mantra verbindet dich mit dem

Ur-Gedanken der Schöpfung.

Du hast dann Zugang zu dem Wissen,

das im Moment für dich zu verstehen ist.

Sei ma sei na tu so ma

Wuna so tulo mir kan na

Siela mitu kirma sol

Do la seina tier na mol

Dir na dir na dir na

Dieses Mantra,

verbindet dich mit deiner Energie der

Heilung, die du bist.

Lei ma lei ta su ma

Kira do la sa wa

Leinatu sienater mei kale ma na

Siero liema to sa ka ma

Miro miro su wo kam na tu

Dieses Mantra,

verbindet dich mit deinem Strahl der Freude,

der du bist

Kira kira tu so wa

Scha lo scha lo ma ta

Kalema sie kalema sie

Sier ma sier so do mir na ta

Mabu mabu liema sie

Kale ma na Do la sa wa

Dieses Mantra, verbindet dich,

mit der Schwingung deiner Wahrheit,

die du bist

Liema na tu so wa

Kale sanimer mie

Beima tu beinatu

Silma ne tu falemo nie

Kro me solena tierana mu

Kolvo mie dir na ma sie

Das ist ein Mantra,

dass deine Selbstheilungskräfte aktiviert,

erkennen und lösen.

Sei na muti do sa lo ma

Klama nie so muto da

Siela mena sier to wa

Solwei solwei sier mo ba

Wonato wonato dier dier

Sei na sei na to so la

Kala kala sier ma ba

Dieses Gebet, verbindet dich mit den

Energien der Erzengel.

Sie begleiten dich in Liebe und unterstützen

dich mit ihren Botschaften.

Öffnen und annehmen, in Liebe geschehen

lassen.

Lima na so wie
Kale ma so muto da
Sierlo mia siena badeno

Womante donato sier le latenier
Man do man tie na tremanie
Marei runeta amego sier

Kierlia kierlia kierlia so
Ma an ma on sier to so mo

Ta la ta la su ma do la

Ich bin
Su le ma to la

Ich bin Licht
Kira so da la moneta

Ich bin Liebe
Sier la tora du solma

Ich bin Wahrheit
Sienamento do genatiermo

Ich bin Gott Vater und Gott Mutter
Dir solmani tu do ma

Kir mia dina sir la to sa
Ich bin Alles was ist

Tida sol ma dira miu sa wa

Das Mantra führt dich in die Ebene,

in die Du zum jetzigen Zeitpunkt Zugang

hast.

Dort kannst du dich mit den Wesen

in Verbindung setzen

und Wissen, Unterstützung und Botschaften

erhalten.

Di lata do ma wo do

Sie na ma wu mie sur de sa

Kolema die sa da su

Miro lima die so tola
Sei la mineta su kam sa

Leinameta leinameta Sie do wa

Das ist ein Mantra,

dass dich mit einer früheren Inkarnation

verbindet, um zu erkennen und zu lösen. Die

dabei freigewordene Energie, unterstützt dich

im Hier und Jetzt.

La miro sulvo la

Tie ame dir to wa

Salmena tu dir so wie

Lima deineta

Sier motei

Srie to la srie

Dir ma wu ba

Das Mantra,

verbindet dich mit deinen Zellen,

es unterstützt sie und gibt ihnen ihre

Ur-Information wieder.

Lei tei sa mir to wa

Siema ta do tier wa

Sale dirmoneta

Wa ta tokenata wa ta

Salma salma salma

Tie ma so la

Das Mantra verbindet dich,

mit der Energie der Freundschaft.

Miteinander und Füreinander

Smie la kalema tier da

Schulema sukota dir ma

Slie to la slie mir ba

Dir dir dir

Komulo to tulema domain

Ba na ba na

Das Mantra unterstützt dich,

deine Visionen zu manifestieren.

Gedanke, Worte und Taten.

Kalmei kalmei

Sier to wie

Tulomena tulomena

Wo so leima

Birsta birsta

La ma la ma

Ti mani tu do wa

Das Mantra gibt dir das Wissen deiner

Ahnen.

Wenn du bereit bist,

nehme dieses Geschenk in Liebe an.

La mei la mei

Na muro solwei

Dir muta lomena tu

Banema sa wu

Liemerta tu silomena tier

Sa lama sa lama

Das Mantra verbindet dich,

mit dem Strahl der Umwandlung.

Verbinde dich, wenn du bereit bist.

Lisata komenata dor

Sielamon to sier ta da

Klichate klichate

Dir solwei do ma ta dir

Su muto dir muto sie

Do la komta do la

Das Mantra verbindet dich,

mit dem Strahl der Reinigung.

Verbinde dich, wenn du bereit bist

loszulassen.

Kale sa na muti do la

Kale sa na komena tu so wa

Kale sa na dier miro ta

Kale sa na tulo do wa

Kale sa na kale sa na

Dier so wa dier so wa

Dieses Mantra löst das Gedankenmuster

Verantwortung für andere auf.

Du bist für dich verantwortlich und andere für

sich selbst.

Du kannst in Liebe deine Mitmenschen

unterstützen und ihnen ihre Verantwortung

lassen.

Leisa tu dir so la

Malena tulo so to sa wa

Kirlame sinutale tu

Slie ma slie ma

Sa wa

In diesem Buch habe ich Mantra`s, die in der Ur-Sprache geschrieben sind, zusammengestellt.
Seit vielen Jahren schreibe ich sie auf und gebe sie an meine Mitmenschen weiter.
Sie werden mit dem Herzen gelesen, gefühlt und berühren unser tiefstes Sein.

Eine „Anleitung“ gibt es nicht, da jeder Mensch einzigartig und individuell ist.
Vertrauen sie sich selbst und ihrer „Anleitung“,
die sie in sich haben.

Wir sind fühlende Wesen
Wir sind Licht und Liebe
Wir sind Eins mit Allem

www.ingramcontent.com/pod-product-compliance
Ingram Content Group UK Ltd.
Pitfield, Milton Keynes, MK11 3LW, UK
UKHW021959190726
13853UKWH00004B/1625

9 783741 294013